QUEM ESTÁ BRINCANDO COM A LINHA?

RIINA & SAMI KAARLA

TRADUÇÃO PASI & LILIA LOMAN

autêntica

UM GATINHO LEVADO ESTÁ BRINCANDO
COM A LINHA DE MOOMIN MÃE.

A PEQUENA MI
FICA OLHANDO.

ELE ESTÁ BATENDO CORDA PARA TINGUTI E VITU PULAREM.

O VENTO FORTE ESTÁ LEVANDO A PIPA DA MISS SNOB.

UÉ... COMO ESSES PEIXES FORAM PARAR AÍ?!

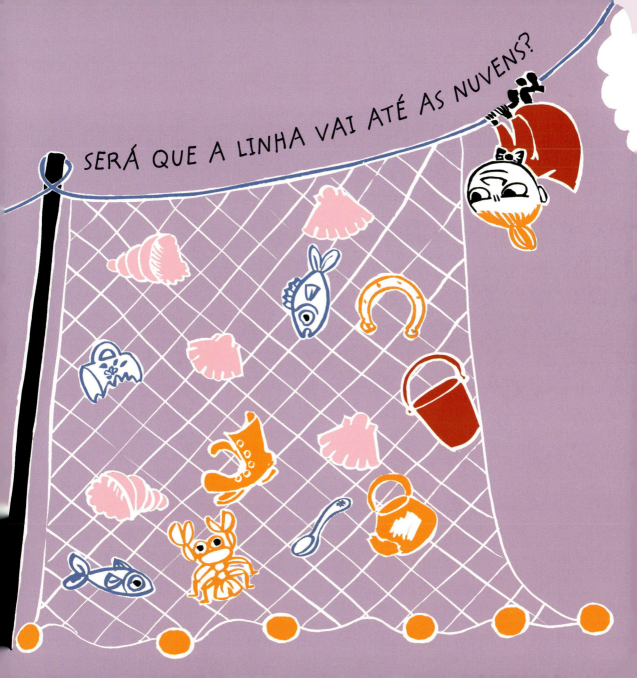

QUEM SERÁ QUE ESTÁ NA PONTA DA LINHA?

Copyright © Moomins Characters ™

Todos os direitos reservados. Texto e ilustração por Riina e Sami Kaarla. Publicado originalmente por Tammi Publishers, Finland, 2011.

Copyright © 2016 Autêntica Editora

Título original: *Kuka leikkii langalla?*
Traduzido por Pasi & Lilia Loman

Todos os direitos reservados pela Autêntica Editora. Nenhuma parte desta publicação poderá ser reproduzida, seja por meios mecânicos, eletrônicos, seja via cópia xerográfica, sem a autorização prévia da Editora.

EDIÇÃO GERAL
Sonia Junqueira

DIAGRAMAÇÃO
Carol Oliveira

REVISÃO
Danielle Oliveira

Dados Internacionais de Catalogação na Publicação (CIP)
(Câmara Brasileira do Livro, SP, Brasil)

Kaarla, Riina
    Quem esta brincando com a linha? / Riina e Sami Kaarla ; tradução Pasi & Lilia Loman. – 1. ed. – Belo Horizonte : Autêntica Editora, 2016. – (Moomins para os Bem Pequenos)

    Título original: Kuka leikkii langalla?
    ISBN 978-85-8217-595-8

    1. Ficção - Literatura infantojuvenil I. Kaarla, Sami. II. Título.

15-03121   CDD-028.5

Índices para catálogo sistemático:
1. Ficção : Literatura infantil 028.5
2. Ficção : Literatura infantojuvenil 028.5

Belo Horizonte
Rua Carlos Turner, 420, Silveira
31140-520 . Belo Horizonte . MG
Tel.: (55 31) 3465 4500

São Paulo
Av. Paulista, 2.073,
Conjunto Nacional, Horsa I
23º andar . Conj. 2301 . Cerqueira César . 01311-940 . São Paulo . SP
Tel.: (55 11) 3034 4468

Rio de Janeiro
Rua Debret, 23, sala 401, Centro
20030-080 . Rio de Janeiro . RJ
Tel.: (55 21) 3179 1975

Televendas: 0800 283 13 22
www.grupoautentica.com.br